This book belongs to

....

Title: .... Composer: .... Date: ..../..../......

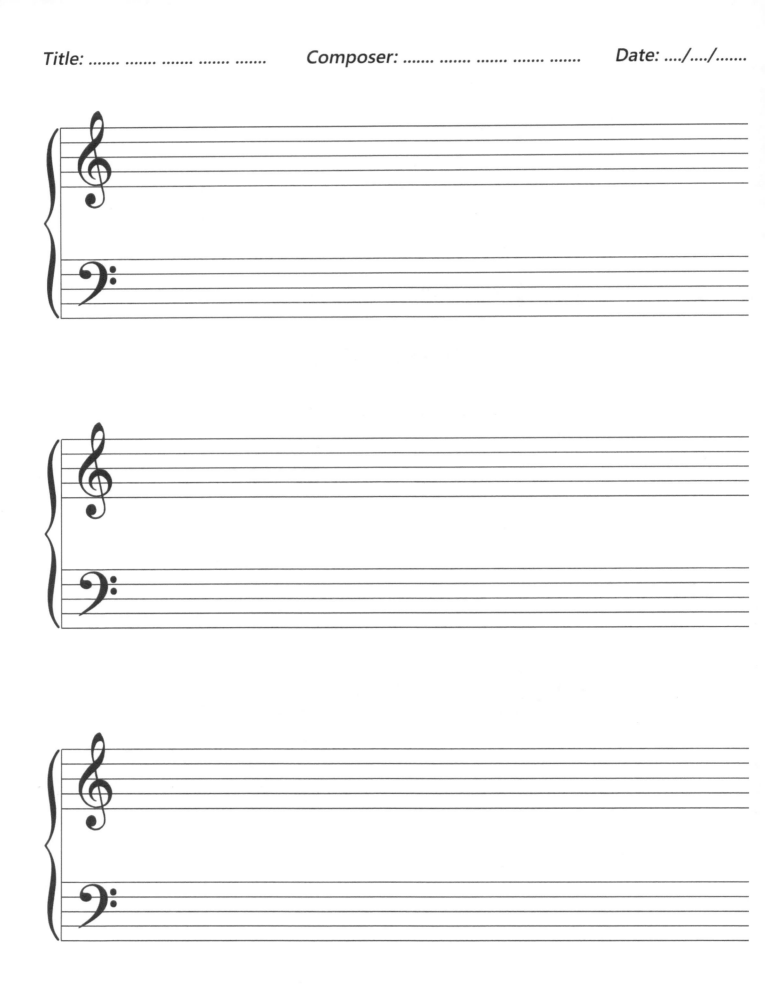

Title: ....   Composer: ....   Date: ..../..../.......

Title: ....   Composer: ....   Date: ..../..../.......

Title: ....   Composer: ....   Date: ..../..../......

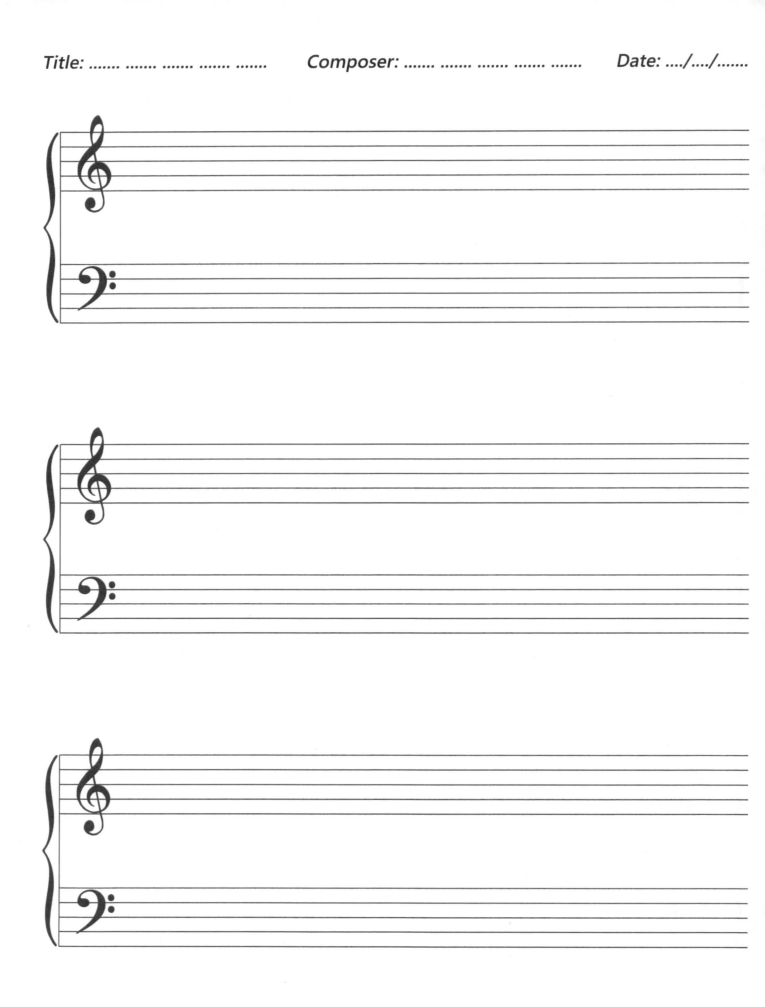

Title: ....   Composer: ....   Date: ..../..../.......

Title: ....   Composer: ....   Date: ..../..../......

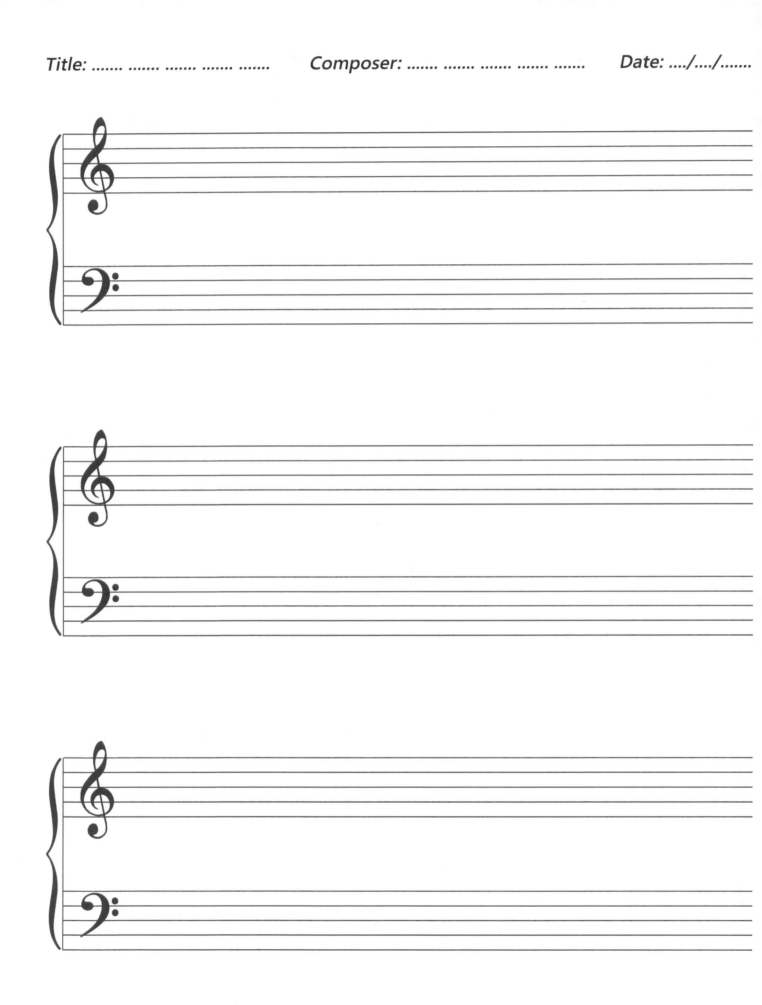

Title: ....   Composer: ....   Date: ..../..../.......

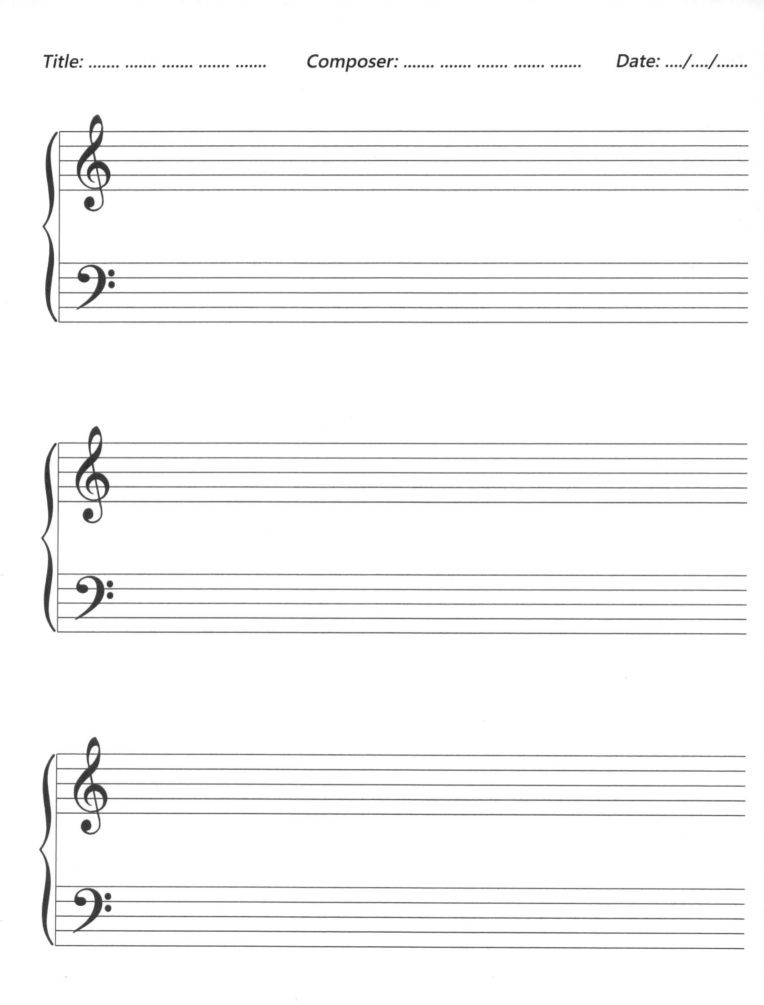

Title: ....   Composer: ....   Date: ..../..../......

Title: ……. ……. ……. ……. …….   Composer: ……. ……. ……. ……. …….   Date: …./…./…….

Title: ....   Composer: ....   Date: ..../..../......

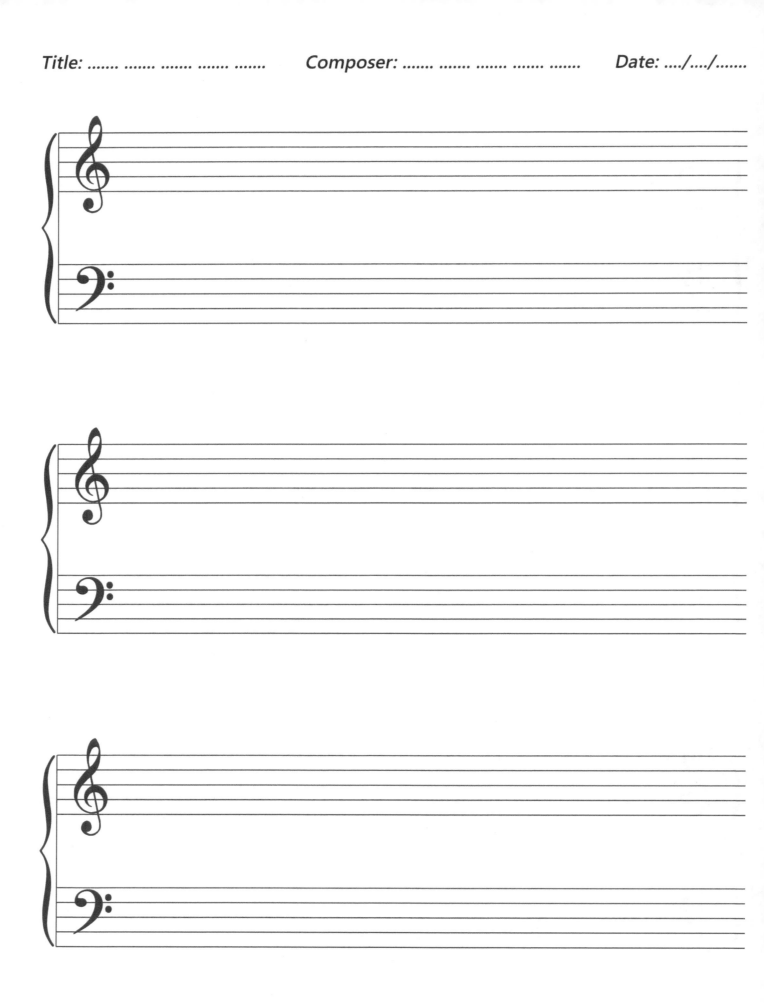

Title: ....   Composer: ....   Date: ..../..../.......

Title: ....   Composer: ....   Date: ..../..../.......

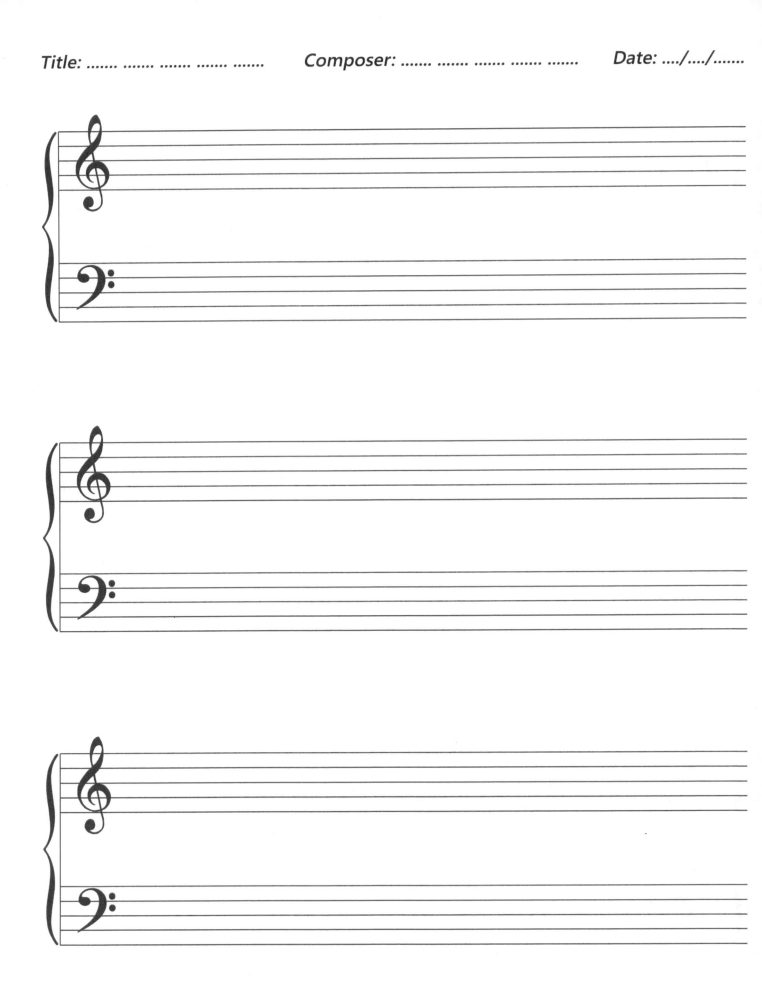

Title: ....   Composer: ....   Date: ..../..../.......

Title: ....   Composer: ....   Date: ..../..../.......

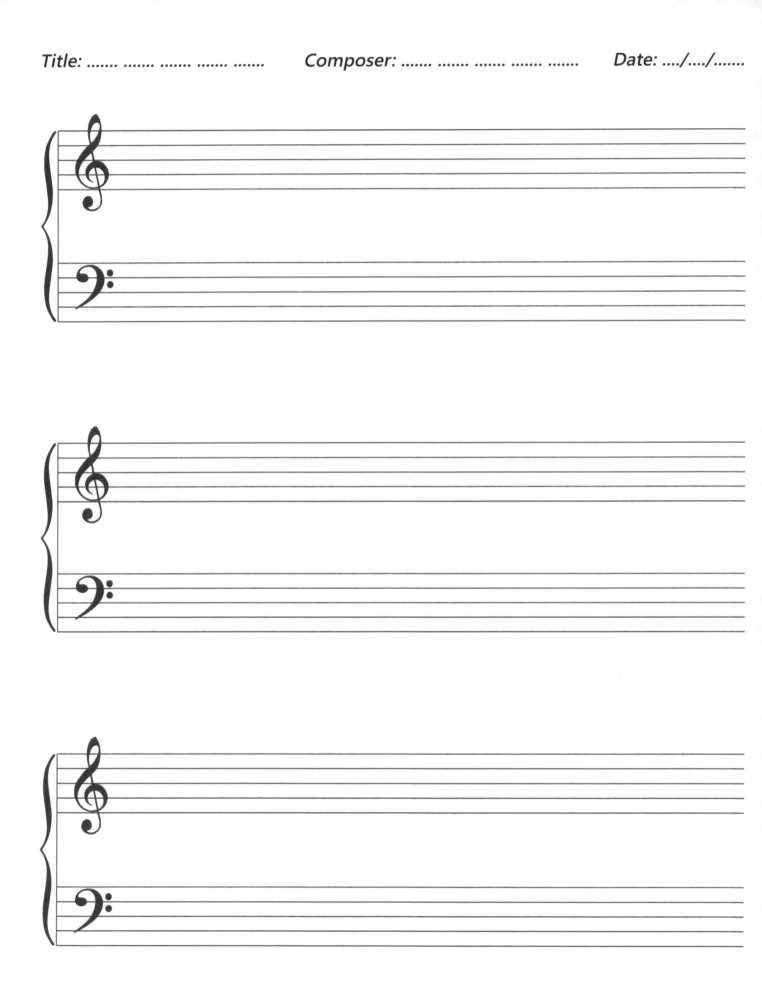

Title: .... Composer: .... Date: ..../..../.......

Title: ....   Composer: ....   Date: ..../..../.......

Title: ....   Composer: ....   Date: ..../..../.......

Title: ....   Composer: ....   Date: ..../..../.......

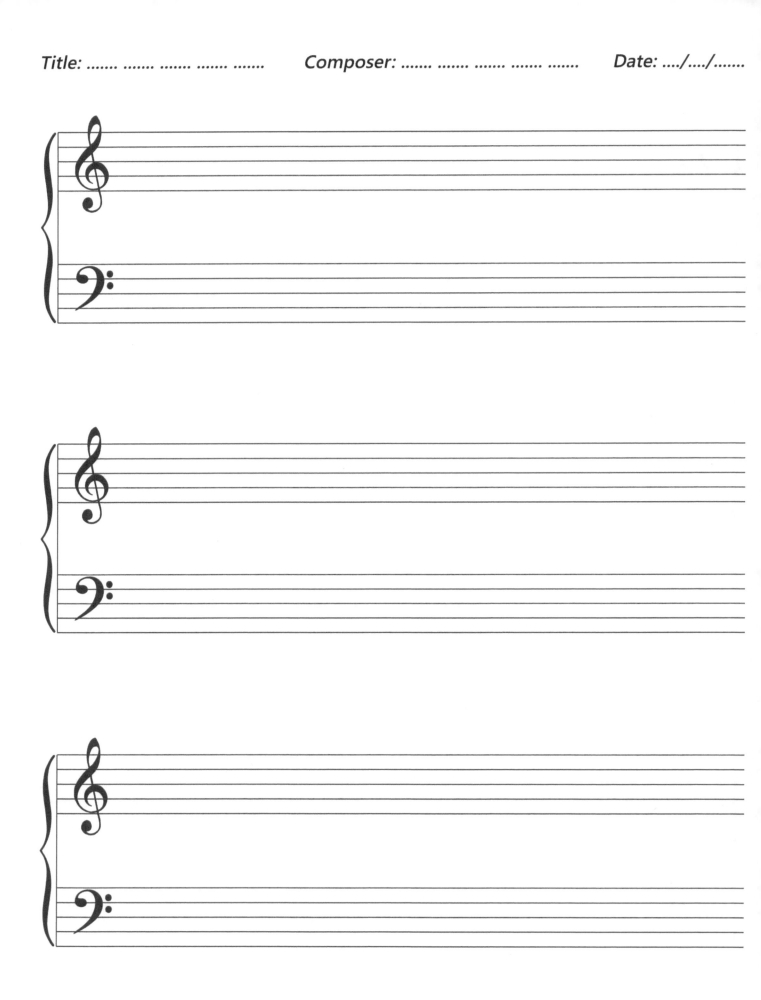

Title: ....   Composer: ....   Date: ..../..../.......

Title: ....   Composer: ....   Date: ..../..../.......

Title: ....　　Composer: ....　　Date: ..../..../.......

Title: ....   Composer: ....   Date: ..../..../.......

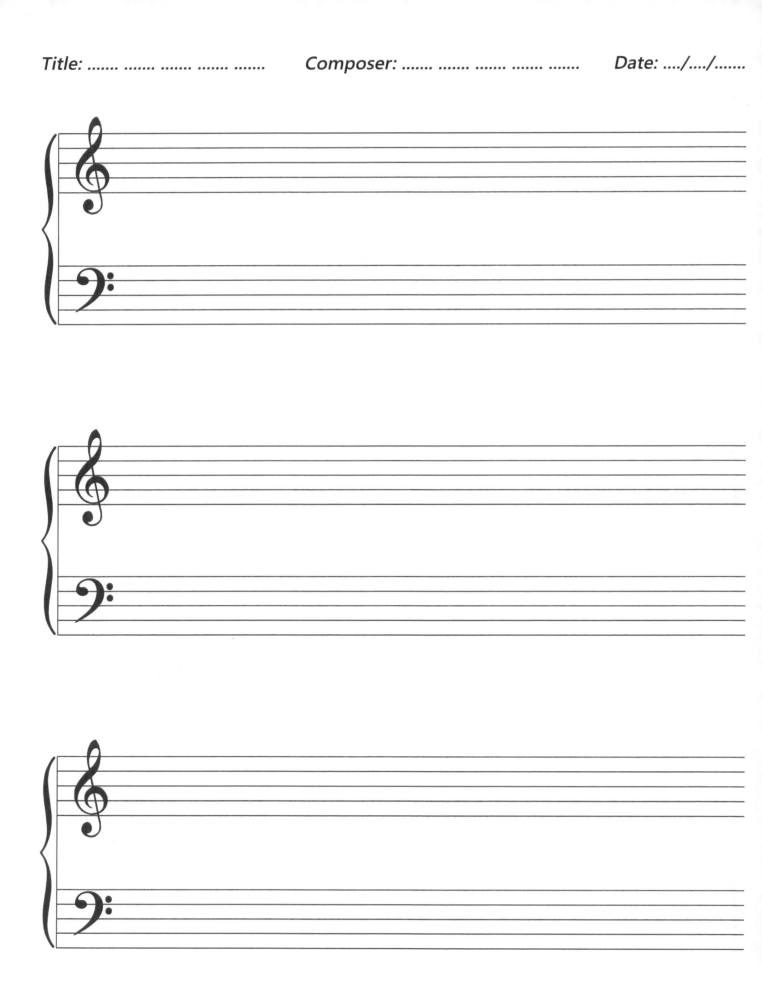

Title: ....   Composer: ....   Date: ..../..../.......

Title: ....   Composer: ....   Date: ..../..../......

Title: ....   Composer: ....   Date: ..../..../.......

Title: ....   Composer: ....   Date: ..../..../.......

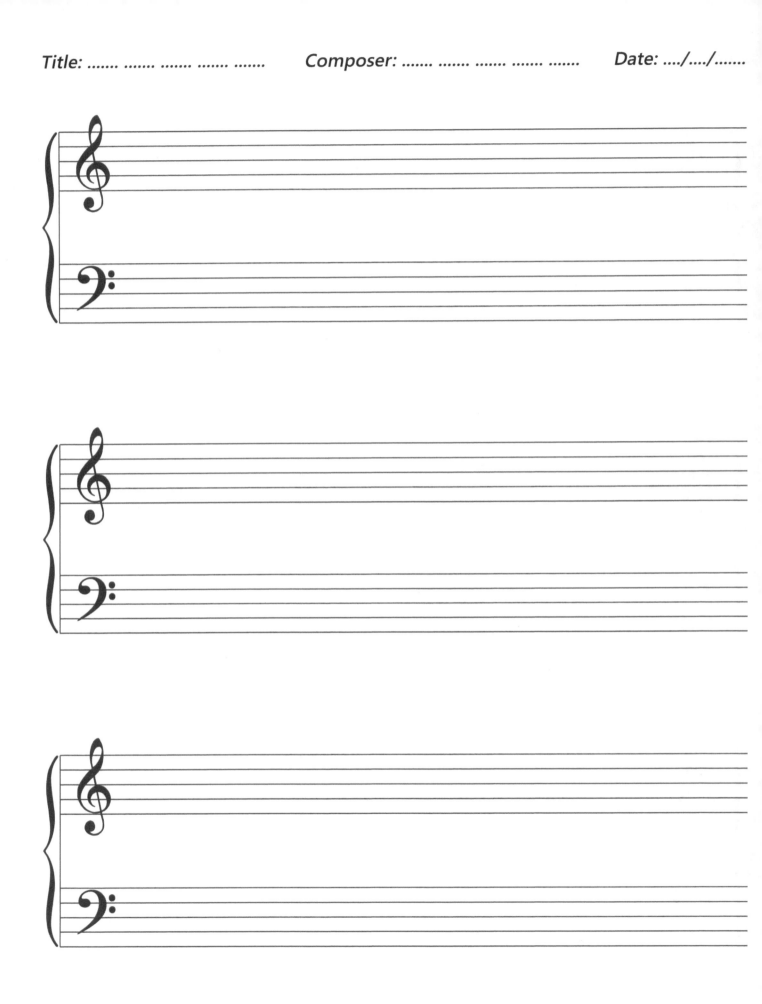

Title: ....   Composer: ....   Date: ..../..../......

Title: ....   Composer: ....   Date: ..../..../.......

Title: ....   Composer: ....   Date: ..../..../.......

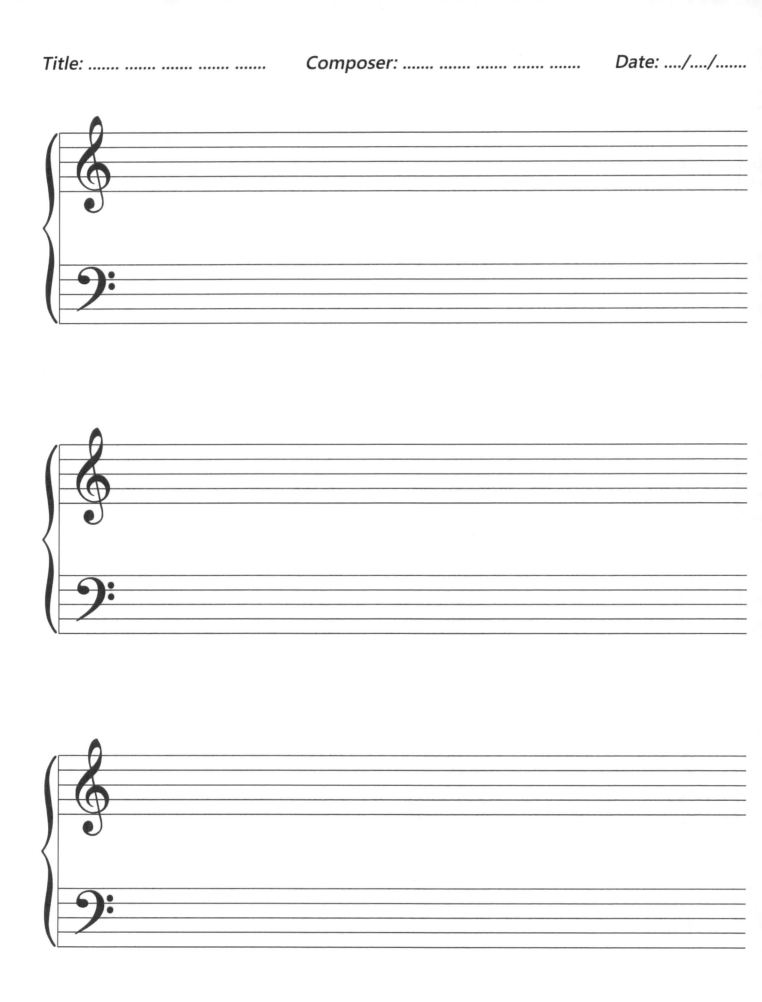

Title: ....   Composer: ....   Date: ..../..../.......

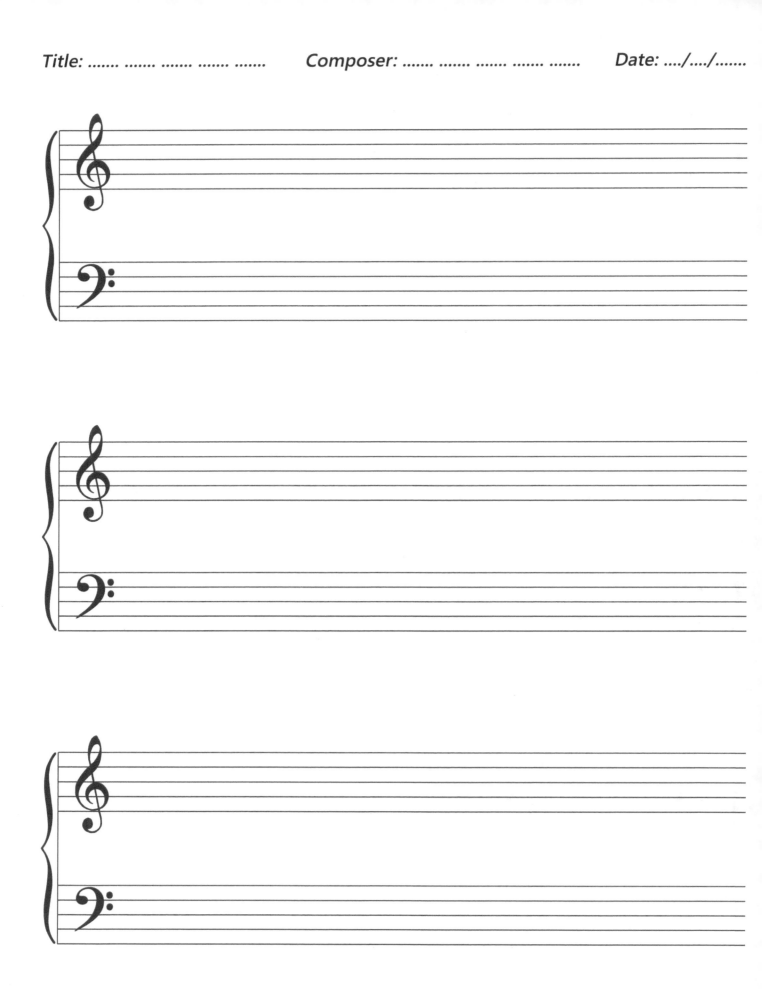

Title: ....   Composer: ....   Date: ..../..../.......

Title: ....   Composer: ....   Date: ..../..../......

Title: ....   Composer: ....   Date: ..../..../.......

Title: ....   Composer: ....   Date: ..../..../.......

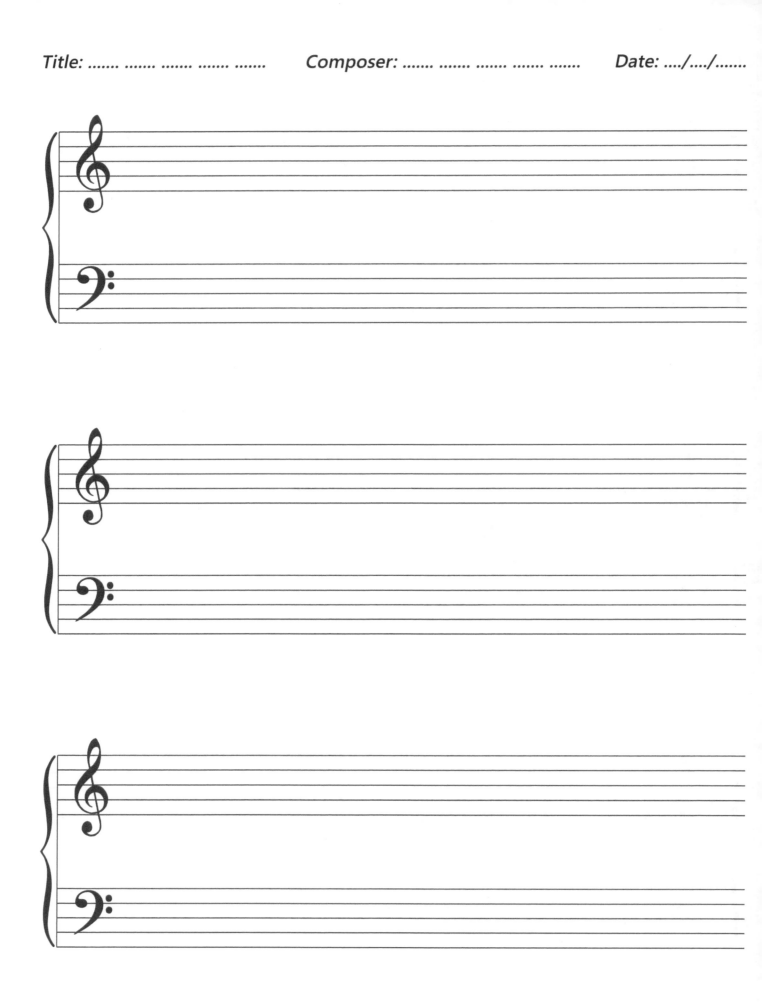

Title: ....   Composer: ....   Date: ..../..../.......

Title: ....   Composer: ....   Date: ..../..../......

Title: ....   Composer: ....   Date: ..../..../.......

Title: ....   *Composer: ....*   *Date: ..../..../.......*

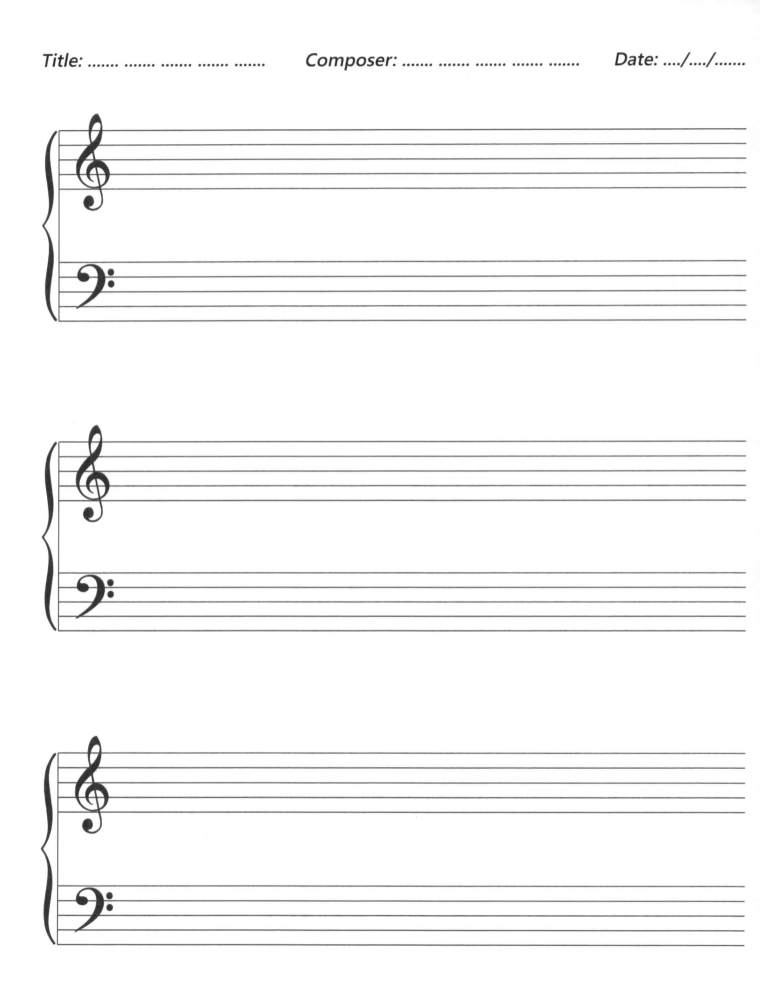

Title: ....　　Composer: ....　　Date: ..../..../.......

Title: ....   Composer: ....   Date: ..../..../......

Title: ……. ……. ……. ……. …….   Composer: ……. ……. ……. ……. …….   Date: …./…./…….

Title: ....   Composer: ....   Date: ..../..../.......

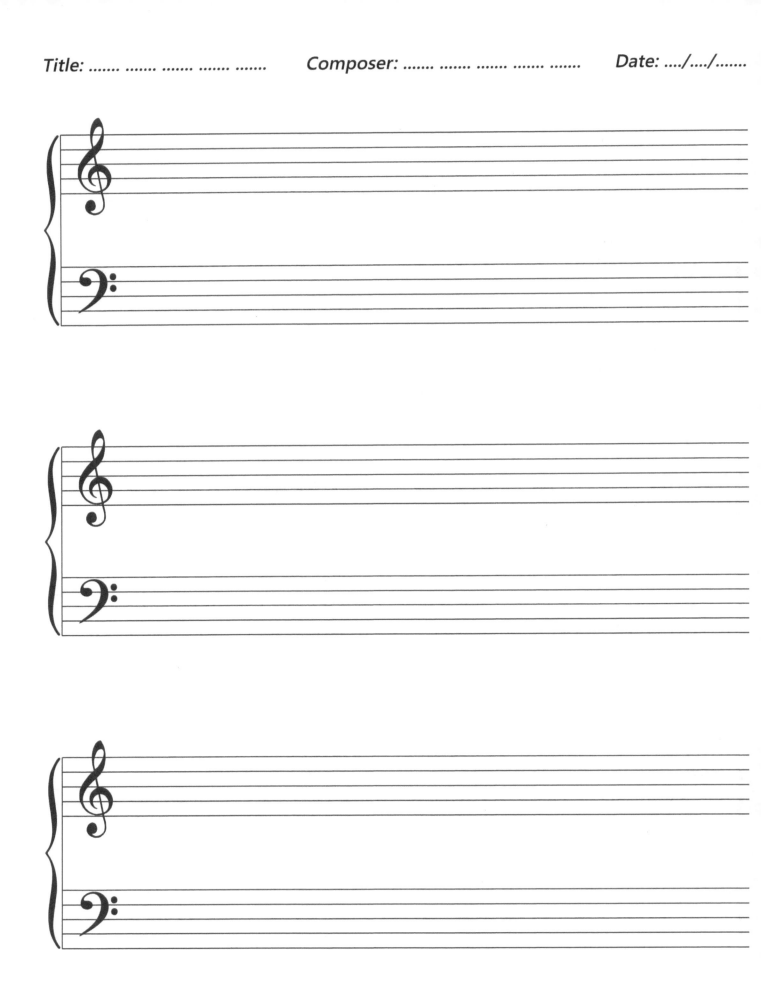

Title: ....   Composer: ....   Date: ..../..../.......

Title: ....   Composer: ....   Date: ..../..../.......

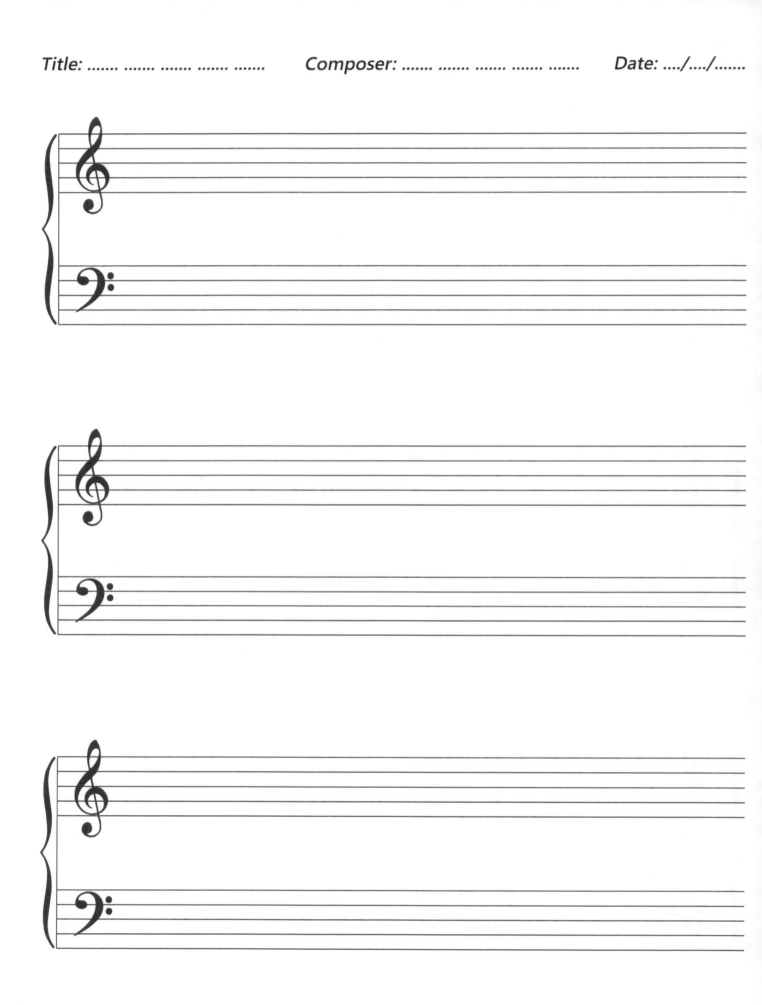

Title: ……. ……. ……. ……. …….   Composer: ……. ……. ……. ……. …….   Date: ..…/..…/..….

Title: ....   Composer: ....   Date: ..../..../.......

Title: ....   Composer: ....   Date: ..../..../.......

Title: ....　　Composer: ....　　Date: ..../..../.......

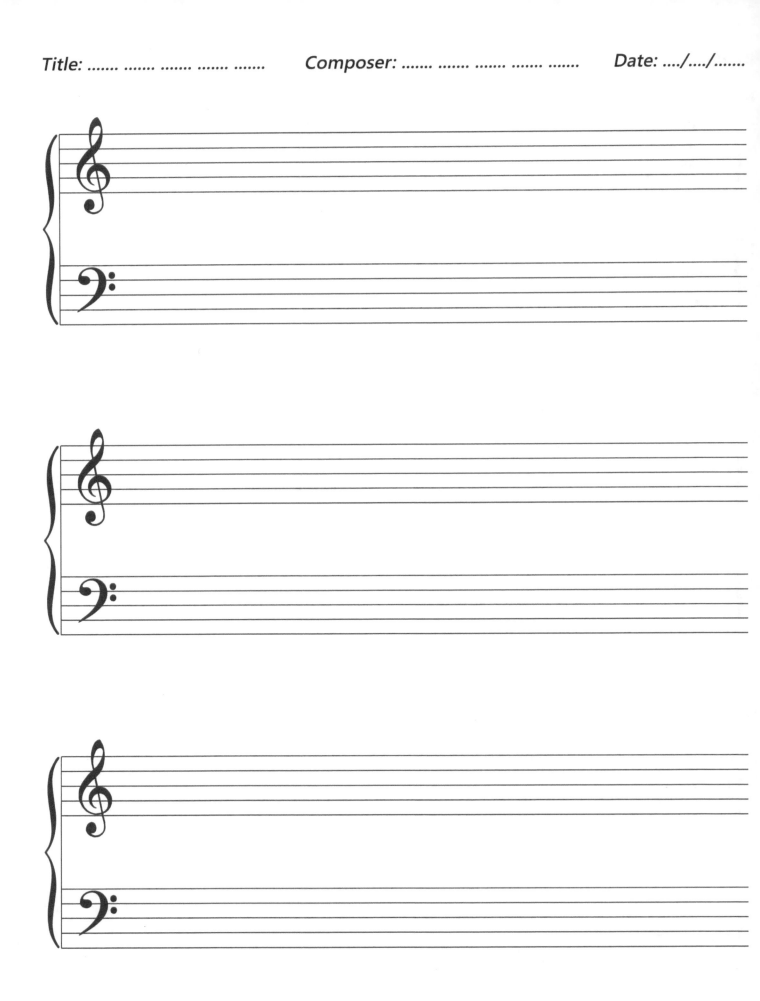

Title: ....   Composer: ....   Date: ..../..../.......

Title: ……. ……. ……. ……. …….   Composer: ……. ……. ……. ……. …….   Date: …./…./…….

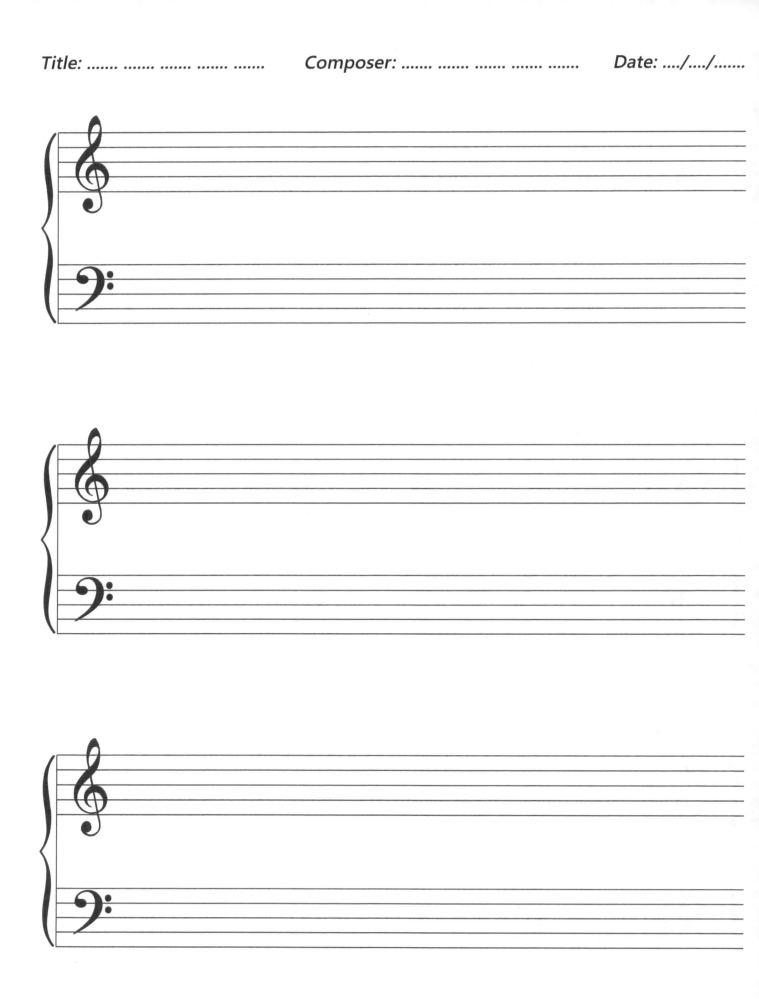

Title: ....   Composer: ....   Date: ..../..../.......

Title: ....   Composer: ....   Date: ..../..../.......

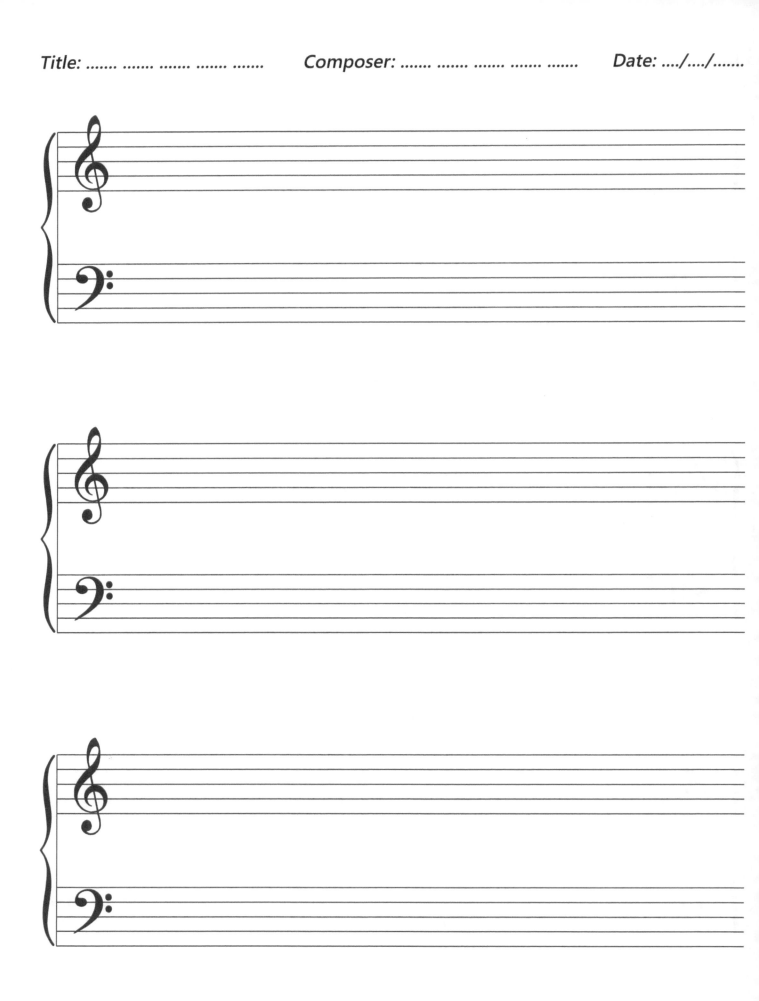

Title: ....   Composer: ....   Date: ..../..../.......

Title: ....   Composer: ....   Date: ..../..../.......

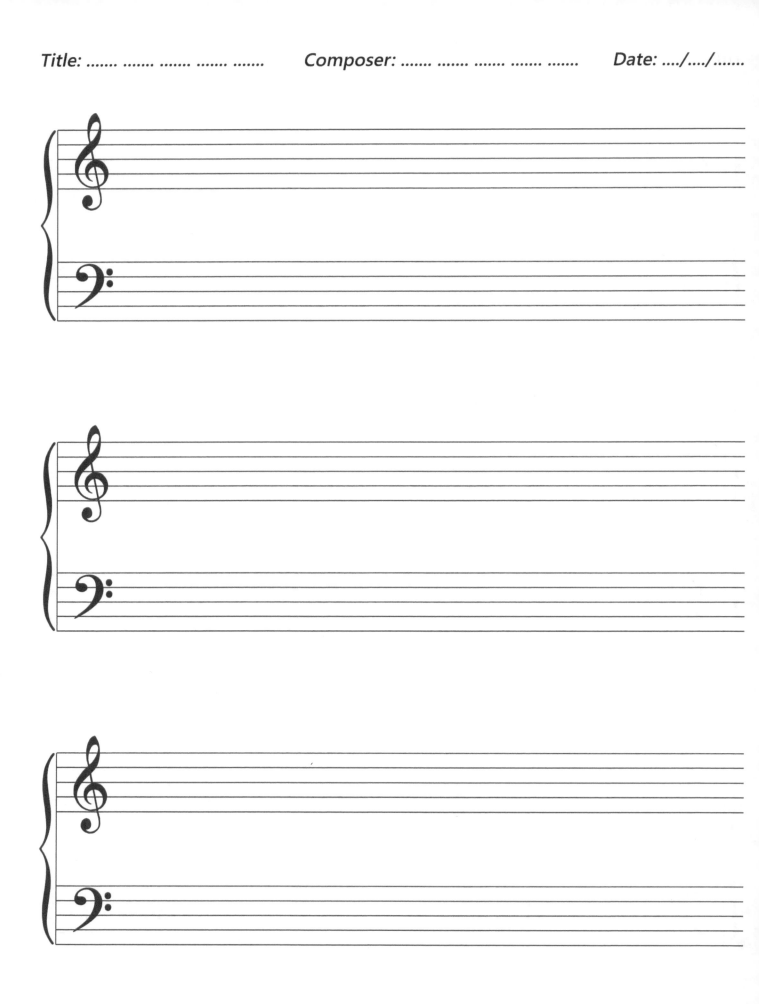

Title: ....   Composer: ....   Date: ..../..../.......

Title: ....   Composer: ....   Date: ..../..../......

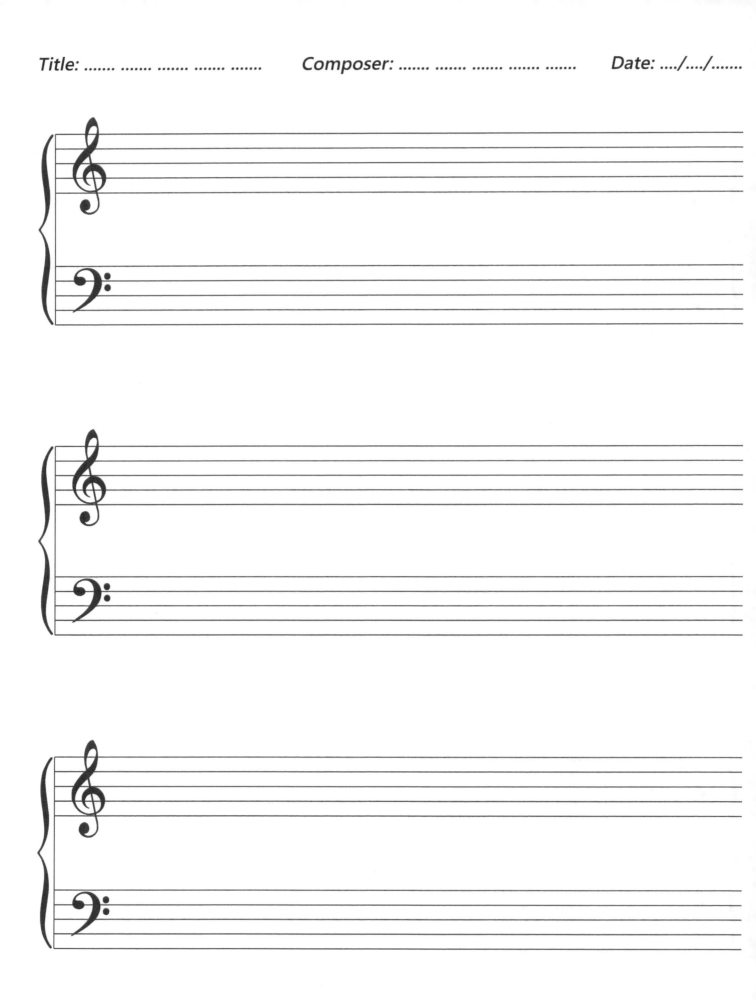

Title: ....   Composer: ....   Date: ..../..../.......

Title: ....   Composer: ....   Date: ..../..../.......

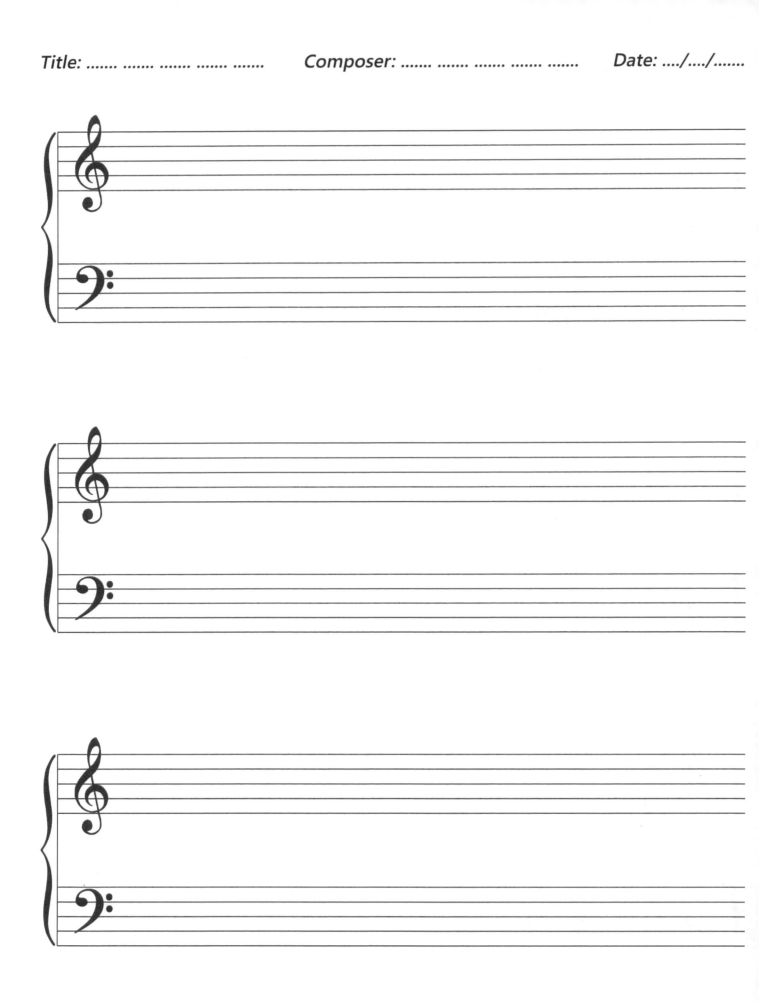

Title: ....   Composer: ....   Date: ..../..../.......

Title: ....   Composer: ....   Date: ..../..../.......

Title: ....   Composer: ....   Date: ..../..../.......

Title: ....   Composer: ....   Date: ..../..../.......

Title: ....   Composer: ....   Date: ..../..../.......

Title: ....   Composer: ....   Date: ..../..../.......

Title: ....   Composer: ....   Date: ..../..../.......

Title: ....   Composer: ....   Date: ..../..../.......

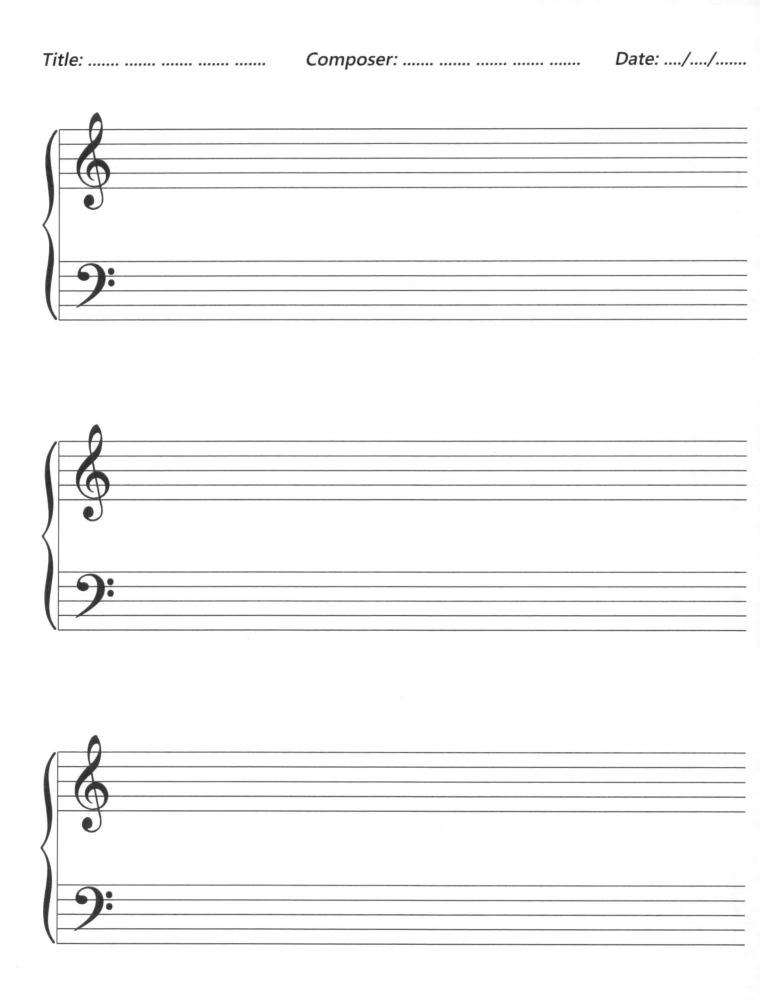

Title: ....   Composer: ....   Date: ..../..../.......

Title: ....   Composer: ....   Date: ..../..../......

Title: ....   Composer: ....   Date: ..../..../......

Title: ....   Composer: ....   Date: ..../..../.......

Title: ....   Composer: ....   Date: ..../..../.......

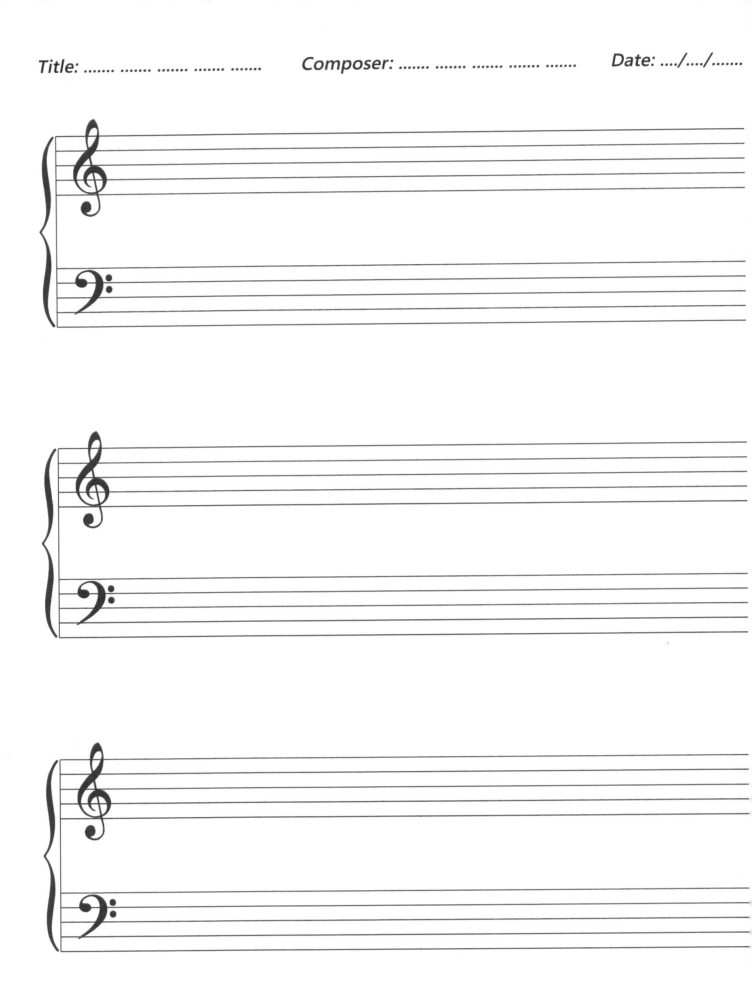

Title: ....   Composer: ....   Date: ..../..../.......

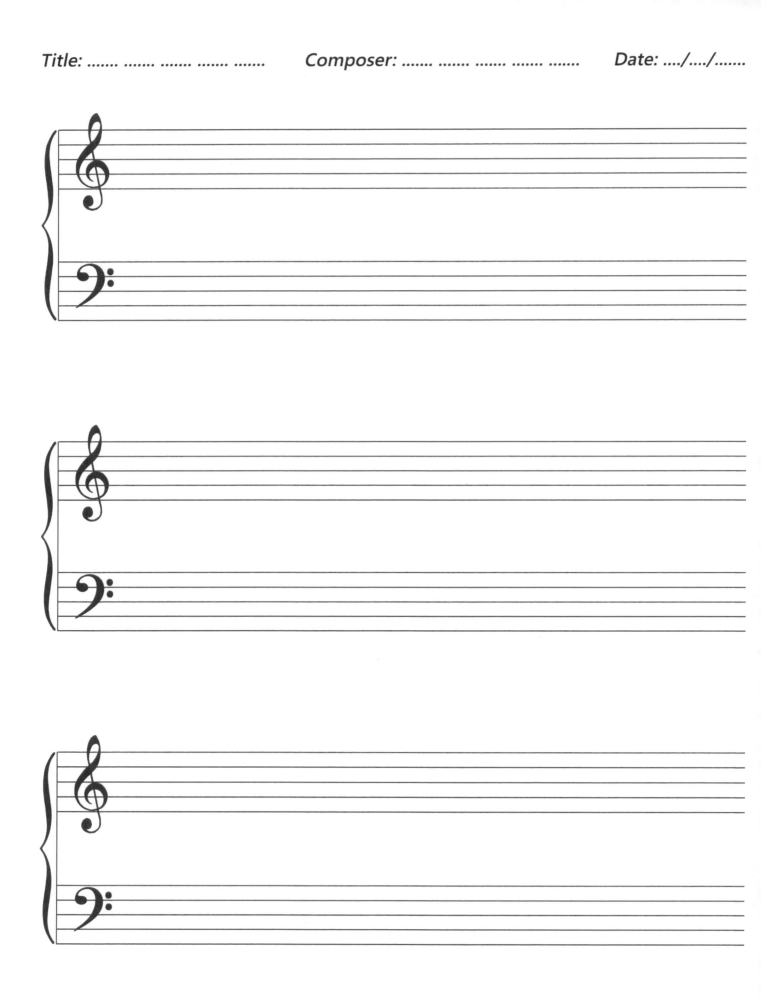

Title: ……. ……. ……. ……. …….   Composer: ……. ……. ……. ……. …….   Date: …./…./…….

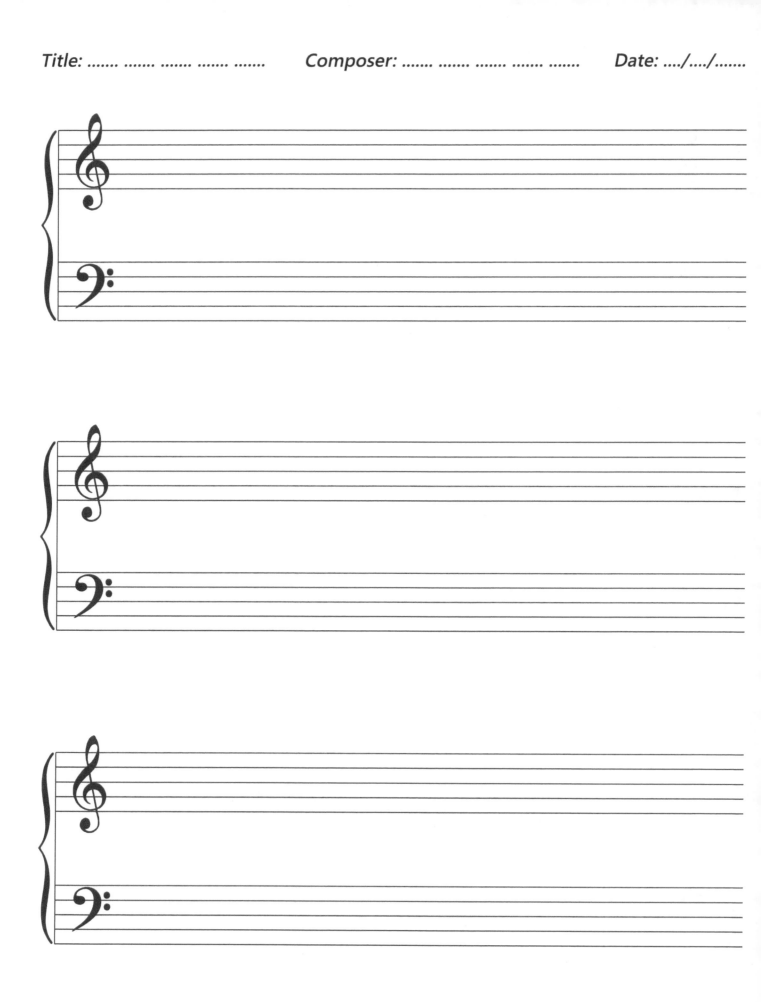

Title: ....   Composer: ....   Date: ..../..../.......

Title: ....   Composer: ....   Date: ..../..../.......

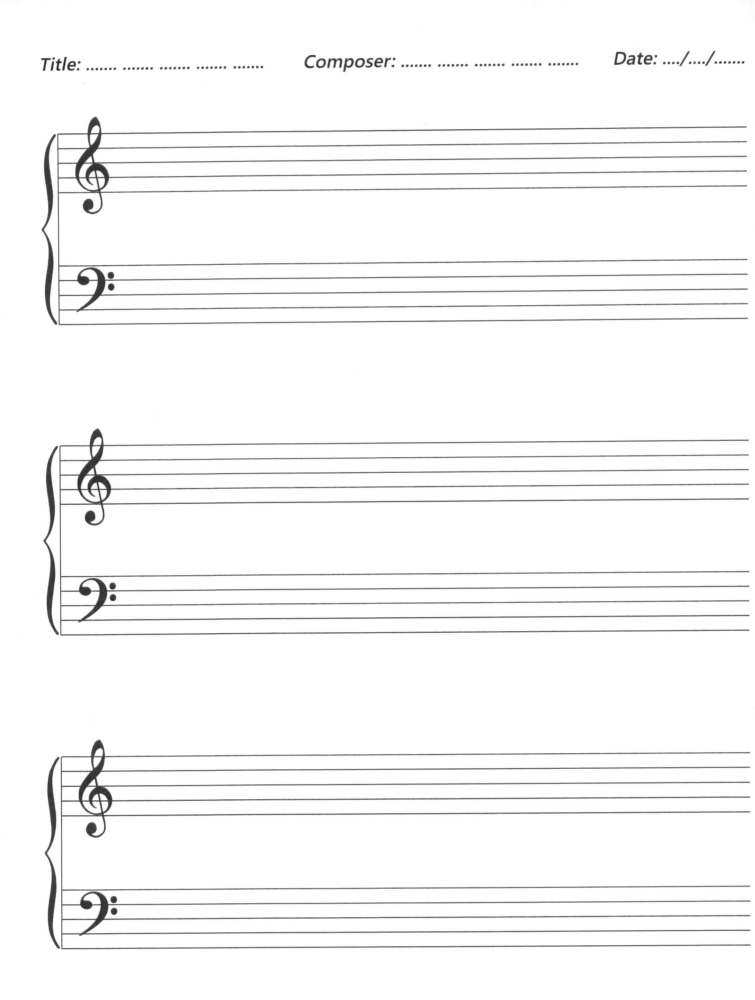

Title: ....   Composer: ....   Date: ..../..../.......